This Notebook

Belongs to

____

____

____

Made in the USA
Monee, IL
07 July 2026

56551414R00062